MÉMOIRE

SUR LE

TRAVAIL DES AFFRANCHIS

DANS LES

COLONIES FRANÇAISES.

MÉMOIRE

SUR LE

TRAVAIL DES AFFRANCHIS

DANS LES

COLONIES FRANÇAISES,

EXIGÉ PAR LA LOI DU 18 JUILLET 1845;

ADRESSÉ PAR LE

CONSEIL DES DÉLÉGUÉS DES COLONIES

A MONSIEUR LE

MINISTRE DE LA MARINE ET DES COLONIES.

PARIS,

TYPOGRAPHIE DE FIRMIN DIDOT FRÈRES,

IMPRIMEURS DE L'INSTITUT, RUE JACOB, 56.

1847.

MÉMOIRE

SUR LE TRAVAIL DES AFFRANCHIS,

EXIGÉ PAR LA LOI DU 18 JUILLET 1845 ;

ADRESSÉ PAR LE

CONSEIL DES DÉLÉGUÉS DES COLONIES

A MONSIEUR LE

MINISTRE DE LA MARINE ET DES COLONIES.

———— ✦ ————

Le Conseil des délégués des colonies accomplit un de ses devoirs les plus graves en appelant l'attention du Gouvernement sur la nécessité de maintenir, dans l'exécution de la loi qui fixe de nouvelles conditions à l'affranchissement des esclaves, toutes les garanties d'ordre et de travail que le législateur a voulu donner aux colonies.

Le Conseil des délégués n'a plus à rappeler les difficultés et les dangers de cette loi, qu'afin d'aviser aux moyens de les surmonter.

Quelles qu'aient été nos appréhensions, dès le moment que le législateur a prononcé, nous avons accepté, comme il était du devoir de bons citoyens de le faire, franchement et complétement ses prescriptions.

Nous sommes heureux de voir que l'esprit dont

le Conseil des délégués est animé dans la mère-
patrie, soit celui même qui dirige nos Conseils
coloniaux, et nous répétons avec le Conseil colonial de la Guadeloupe :

« *Le Conseil veut marcher dans les voies qui lui
sont tracées et donner l'exemple du respect et de
la soumission à la loi ; mais il ne serait pas digne
de son mandat, s'il ne s'empressait de signaler et
de combattre les actes et les mesures qui sont des-
tructifs de l'ordre et du travail.* »

Qu'il nous soit permis, avant tout, d'arrêter les
regards du gouvernement sur les périls où se
trouve placé le travail productif dans nos quatre
colonies.

CONSIDÉRATIONS PRÉLIMINAIRES

SUR LE TRAVAIL AGRICOLE

DANS NOS QUATRE COLONIES SUCRIÈRES.

La culture principale et presque la seule aujourd'hui qui puisse maintenir la prospérité des
colonies, la culture de la canne à sucre est de
plus en plus menacée par une concurrence redoutable.

Après douze années de délais, le Gouvernement
de Juillet a fini par accepter, pour les productions
rivales du sucre colonial et du sucre indigène, le
principe apparent de l'égalité des droits ; mais

en apportant une lenteur extrême pour avancer vers la mise en pratique de cette égalité.

C'est par fractions d'un cinquième qu'on a retardé, d'année en année, la suppression du privilége dont jouissait le sucre de betterave.

Ce sera seulement à partir du mois d'août prochain que cette production payera le même droit que le sucre colonial.

Mais, bien loin que cette nouvelle situation constitue la véritable égalité, les sucres indigènes se trouvent placés sur le marché dont les sucres coloniaux sont éloignés de deux mille, deux mille cinq cents et quatre mille lieues.

Il était aisé de prévoir les effets d'une semblable lenteur pour arriver à cette apparence d'égalité dans les charges.

La production du sucre de betterave était, en 1844, d'environ *trente millions* de kilogrammes.

Dès 1846, elle s'élevait à *quarante millions* de kilogrammes.

Les fabrications actuelles annoncent qu'elle va, pour 1847, surpasser *cinquante millions*.

Et les fabricants les plus habiles du département du Nord espèrent qu'ils atteindront, dès 1848, le chiffre énorme de *soixante millions* : c'est-à-dire qu'en quatre ans la production du sucre indigène aura *doublé !*...

Chaque année, les canaux, les chemins de fer et les routes ordinaires, améliorés, étendus, complétés, donnent au sucre indigène des facilités nouvelles pour arriver à bas prix sur tous les lieux de consommation.

En même temps, des charges nouvelles imposées aux colons par voie d'Ordonnances, diminuent les moyens de production.

Telle est la situation qui met la fortune des colonies en péril.

QUESTION CAPITALE.

Le travail, le travail seul peut sauver les colonies. Il faut, suivant l'esprit annoncé par le Gouvernement pour la loi de 1845, il faut que le travail agricole des colonies continue d'être honoré, protégé, surtout à l'égard des affranchis.

Cependant, par une regrettable interprétation donnée à la loi du 18 juillet 1845, sa disposition essentielle la plus salutaire est manifestement éludée.

L'administration des colonies a cessé de rendre obligatoire pour l'affranchi l'engagement d'un travail de cinq années, prescrit par cette loi.

Suivant la teneur et l'esprit de cet acte législatif, les procureurs généraux ont exigé, dès le principe, la simultanéité de l'engagement et de l'affranchissement.

Un ordre postérieur, émané de l'autorité centrale, leur a prescrit de ne plus exiger l'engagement du travail.

En conséquence, aujourd'hui, l'administration coloniale, pour obéir à ces instructions, commence par délivrer le brevet d'affranchissement; puis elle attend, sans efforts et sans soucis, que l'affranchi s'engage, si cela lui plaît; et s'il ne lui plaît pas de s'engager au travail, l'administration indifférente, ne lui fait pas même la représentation la plus légère.

Nous nous proposons d'abord de montrer l'intention unanime des législateurs sur cette matière, à quelque nuance d'opinion qu'on ait pu les supposer appartenir. Nous nous demanderons, ensuite, s'il est possible que la mesure dont tout le monde a voulu la réalité, quand on discutait, quand on votait la loi, soit anéantie dans l'exécution ?

Lorsque la loi qui devait établir le rachat forcé fut présentée à la Chambre des Pairs, la commission chargée d'en examiner le projet se préoccupa profondément de l'avenir des affranchis.

Il ne suffisait pas, aux yeux des hommes d'État que cette commission possédait, d'assurer aux affranchis le bienfait de la liberté.

L'exemple de Saint-Domingue était là pour montrer à tout observateur impartial, jusqu'à quel degré d'abrutissement, de pauvreté, de démoralisation peuvent descendre les noirs, quand ils retournent, suivant une pente trop naturelle, vers leur état primitif de sauvages africains.

L'exemple de l'île Maurice était là pour montrer comment, en huit années, soixante-six mille affranchis, abandonnés à l'oisiveté, à la paresse, à la débauche, sous un climat dévorant, ont été réduits d'un tiers en cinq ans, et ne présentent pas aujourd'hui six mille travailleurs agricoles.

L'amour de l'humanité dictait des conditions impérieuses de travail, à l'égard de l'affranchi, pour qu'il comprît l'alliance, honorable chez nous, du labeur fructueux et de la liberté.

Lorsque la Chambre des Pairs fut saisie du travail de sa commission, nous rappellerons qu'un assentiment unanime accueillit la pensée d'un travail obligatoire, à l'égard des affranchis.

On différa seulement quant aux moyens, quant aux conditions de ce travail.

Les personnes qui se préoccupaient le plus de l'avenir des affranchis crurent leur rendre un important service en réclamant pour eux la faculté de s'engager au travail avec tout autre que leur ancien maître.

Tel fut M. le comte Beugnot, l'auteur de l'amendement le plus complet à cet égard.

Après les quatre premiers paragraphes de l'article 5, paragraphes qui posent les bases du rachat obligatoire ou forcé, la commission ajoutait le paragraphe suivant :

« § 5. Toutefois, l'esclave affranchi par la voie « de rachat devra, après son affranchissement, « rester pendant cinq ans au service de son ancien « maître, sous les conditions du salaire qui auront « été déterminées pour chaque affranchi par la « commission chargée de fixer son prix de ra- « chat. »

Deux amendements à cette disposition ont été présentés.

Premier amendement, par M. le comte Beugnot.

« Toutefois, l'esclave affranchi, soit par voie de

« rachat ou autrement, sera tenu, pendant cinq
« années, de justifier d'un engagement de travail
« avec une personne de condition libre. Cet en-
« gagement devra être contracté avec un proprié-
« taire rural, si l'affranchi, avant d'acquérir la li-
« berté, était attaché comme ouvrier ou labou-
« reur à une exploitation rurale. »

*Second amendement, par M. Laplagne-Barris,
puis accepté par la commission.*

« Toutefois, cette commission pourra autoriser
« l'affranchi à quitter l'atelier ou la maison de son
« maître, et à contracter un engagement de tra-
« vail, pendant cinq années, avec une personne
« de condition libre.

« Cet engagement devra être contracté avec un
« propriétaire rural, si l'affranchi, avant d'ac-
« quérir sa liberté, était attaché à une exploita-
« tion rurale. »

Nous sommes heureux de pouvoir citer les paroles pleines d'autorité d'un président de la cour
de cassation, M. Laplagne-Barris, attestant à la
Chambre des Pairs *l'unanimité des vues sur les
conditions du travail après l'affranchissement.*

M. Laplagne-Barris. « Une idée commune, et
je m'en félicite, a présidé à la première rédaction
de la commission, à l'amendement que j'ai l'honneur de vous soumettre, et à l'amendement de
M. Beugnot. *Cette idée, c'est qu'il y aurait des inconvénients graves à laisser l'affranchissement, tel
que nous le proposons, dans l'état où se trouve*

l'affranchissement actuellement admis aux colo-nies ; à admettre que le noir qui a retrouvé la li-berté peut à l'instant cesser de se livrer à aucun travail, s'il trouvait, par des voies quelconques, des moyens d'existence. Les effets qui se sont pro-duits dans le passé, les résultats fâcheux, il faut en convenir, de cette multitude d'affranchis jetés dans le sein de nos colonies, sans fortune, sans moyens d'existence, et avec une aversion univer-selle pour le travail qui contribue le plus à la pros-périté des colonies, pour le travail rural, ont sans doute déterminé M. le comte Beugnot, et la com-mission et moi, à vouloir soumettre l'affranchi à la nécessité d'un engagement de travail pendant un nombre d'années déterminé. »

M. Laplagne-Barris avait bien prévu qu'il serait possible qu'on anéantît, par une mauvaise exécu-tion, ces volontés si générales; et nous aurons soin en temps et lieu de rapporter ses paroles prophé-tiques. Nous nous bornons maintenant à citer sa conclusion, dont les termes sont dignes d'être remarqués.

« Je crois donc que mon amendement se rat-tache plus directement au projet; qu'il n'a pas les inconvénients de celui de M. le comte Beu-gnot, et qu'il a l'avantage d'assurer d'une ma-nière efficace ce travail de cinq ans imposé à l'af-franchi : obligation qui détruira, je l'espère, cette idée répandue parmi les noirs, que la liberté c'est le droit de ne pas travailler. »

Lors de la discussion , M. le Ministre de la ma-rine et des colonies a déclaré qu'il acceptait l'amendement de M. le comte Beugnot, mais en faisant les réserves les plus formelles sur le travail obligatoire. Les paroles qu'il a prononcées sont très-importantes; nous aurons soin de les citer et d'en invoquer la juste autorité.

La Chambre des Pairs, d'accord avec le Ministre, avec la commission et les auteurs des amendements, sur la nécessité d'établir le travail obligatoire des affranchis, penchait fortement pour que ce travail quinquennal fût accompli chez les anciens maîtres.

Dans cet état de choses, le Ministre dirigeant, M. Guizot, crut devoir faire peser ses paroles éloquentes vers un côté de la balance. Voici le texte même de ces paroles, et l'adhésion de M. le Ministre de la marine à la condition d'un engagement *formel, obligatoire et préalable.*

Paroles de M. Guizot.

« *Vous imposez très-sagement, à l'esclave affranchi,* LA NÉCESSITÉ *du travail pendant cinq ans.*

« Il ne m'appartient pas de proposer dans cette Chambre un amendement, mais je vous prie, Messieurs, de réfléchir un moment sur une hypothèse : voilà l'esclave affranchi par le rachat forcé; ne lui contestez pas la liberté de changer de maître, mais imposez-lui l'obligation, s'il veut quitter son maître, D'ABORD de contracter un engagement avec un autre propriétaire rural, PUIS de faire approuver, sanctionner cet engagement....

« *M. le Ministre de la marine :* C'est ce que nous voulons.

« *M. le Ministre des affaires étrangères :*... soit par la commission chargée du rachat, soit par le juge royal.

« Si cet engagement était un acte qui ne fût pas sérieux, contracté avec un homme qui ne fût pas un véritable propriétaire rural, la commission ou le juge royal dirait à l'esclave : « *Re-* « *tournez chez votre maître, jusqu'à ce que vous* « *produisiez un véritable engagement de travail de* « *cinq ans avec un propriétaire sérieux.* »

Voilà donc ce que les deux Ministres annonçaient formellement à la Chambre des Pairs, afin d'obtenir son vote : un engagement réel et sérieux, et pour cinq ans, imposé comme condition *sine quâ non*, à sa sortie des ateliers de l'ancien maître.

Nous ne demandons rien de plus, mais rien de moins que l'accomplissement loyal et vrai des paroles prononcées et des engagements pris, par les deux Ministres, à la face des Chambres et du pays.

Dans le dessein de réaliser ce vœu, ces engagements des Ministres, M. Hippolyte Passy proposa le sous-amendement qui complétait la pensée de ces Ministres et de M. le comte Beugnot. Nous citons également ici les paroles de M. Passy.

Paroles de M. Passy.

« A mon avis, il était à craindre effectivement que l'affranchi, ayant une fois racheté sa liberté, ne fournît pas un engagement sérieux, et échappât à son maître par une fiction. C'était là un danger réel et un inconvénient grave.

« Ce qu'il y a donc d'essentiel, c'est de donner au maître la garantie que l'affranchi *continuera à travailler*, que son engagement sera sérieux et aura une sanction. *C'est le motif du sous-amendement que je viens soumettre à la Chambre.* Je propose, en conservant la rédaction de M. le comte Beugnot, d'y ajouter :

« Cet engagement ne sera valable qu'après avoir « été approuvé par la commission instituée par « le § 2 du présent article. »

« Du moment que vous aurez la garantie qu'un engagement valable et sérieux sera contracté, qu'un affranchi qui se sera racheté *continuera de travailler pendant cinq ans*, vous avez tout ce que vous pouvez demander à la loi. »

Remarquons bien ici l'intention de l'auteur du sous-amendement : il veut que l'affranchi *continue de travailler pendant cinq ans ;* il ne veut donc pas qu'il *discontinue* après son engagement. Cela est formel.

M. le Ministre de la marine, qui s'était réuni à M. le comte Beugnot pour appuyer un amendement déjà présenté par M. le Ministre, et dans les mêmes termes, à la commission qui l'avait rejeté ; M. le Ministre appuie avec une égale faveur le sous-amendement de M. Passy.

Explications données par M. le Ministre de la marine.

« Que disait l'amendement (de M. le comte Beugnot), que l'affranchi, dans cette condition nouvelle, serait tenu de *s'engager sérieusement à* travailler pendant cinq ans; *et nous nous réservions d'accompagner l'adoption du système caractérisé par cet amendement, d'une suite de dispositions qui fît que l'engagement du nouvel affranchi ne fût pas une illusion, qu'il ne pût pas contracter avec une personne devenue son complaisant, et s'exempter ainsi de tout travail.*

« Nous avions dans notre pensée le sous-amendement qui vient d'être présenté, et qui veut que, quand le noir cesse de travailler pour son ancien maître, et qu'il contracte un engagement, cet engagement soit soumis à une appréciation du juge royal ou de la commission dite des rachats.

« C'était ainsi que nous voulions fortifier l'amendement de M. le comte Beugnot; car nous voulions *sincèrement* que l'affranchi, en arrivant à la liberté, *ne fût pas une cause et un objet de déception.* »

La Chambre des Pairs s'est rassurée par l'unanimité des intentions manifestées *en faveur de la continuité du travail des affranchis*, et par la série des dispositions qu'annonçait M. le Ministre de la marine, afin d'arriver à ce but; la Chambre, en conséquence, a voté le § 5 tel que l'ont voulu M. le comte Beugnot et M. Passy.

Nous regrettons beaucoup que l'amendement et le sous-amendement, une fois votés, M. le Ministre de la marine ait oublié les dispositions qu'il lui semblait si facile d'introduire dans le texte de l'article 5, et qu'il avait annoncées dès le début, en manifestant une opinion que nous ,sommes charmés de reproduire en toutes lettres.

Paroles de M. le Ministre de la marine, pour appuyer l'amendement de M. le comte Beugnot.

« D'après les termes de l'amendement de M. le comte Beugnot, il resterait parfaitement entendu que l'affranchi serait tenu de contracter une obligation de travail pour cinq ans, et qu'il ne lui serait pas loisible de contracter cet engagement d'une manière fictive et illusoire, en se présentant comme l'ayant conclu avec un propriétaire dont la position n'offrirait en réalité aucune garantie, et n'ayant ainsi pour but que de se dispenser de tout travail. L'amendement de M. le comte Beugnot dit que cet affranchi serait tenu de contracter un engagement de cinq ans avec un propriétaire d'habitation rurale....

« *Il est* FACILE *d'introduire au texte du dernier article de la loi que vous examinez des dispositions telles que l'obligation contractée* AU MOMENT DU RACHAT *soit* toujours entourée des précautions nécessaires pour que l'affranchi ne soit pas *enlevé au travail rural*, et qu'il puisse être perdu pour la culture, quel que soit le grand propriétaire avec lequel il s'engage. »

L'explication la plus légitime et la plus honorable qu'on puisse admettre du silence de M. le Ministre, après le vote de l'amendement qu'il appuyait avec de si vives instances, est de supposer qu'au lieu des conditions additionnelles qui lui semblaient si faciles et si efficaces, il concevait la possibilité de réaliser par voie d'ordonnance et de règlement administratif ces dispositions par lesquelles l'obligation contractée *au moment du rachat*, serait toujours entourée des précautions nécessaires pour que l'affranchi ne fût pas enlevé au travail rural.

Cependant jusqu'à ce jour aucune de ces dispositions, dont l'introduction était jugée à la fois si facile et si nécessaire par M. le Ministre de la marine ; aucune, il faut le dire, n'a pourtant été prise par le gouvernement.

Le travail, qui, selon les termes exprès de M. Passy, devait *continuer* sans interruption après l'affranchissement, on l'a laissé, on le laisse *discontinuer*.

Le travail, qui, selon les termes de M. le Ministre des affaires étrangères, approuvés par M. le Ministre de la marine; le travail, qui devait *avant tout* être assuré et maintenu chez l'ancien maître avant d'être *continué* chez un autre propriétaire, le travail des affranchis est *discontinué* purement et simplement, sans obstacles, *aussi longtemps que le veut l'affranchi*.

Ce n'était donc pas en vain que M. Laplagne-Barris, pour motiver son amendement, présentait les observations qui suivent et qui reçoivent une force nouvelle, aujourd'hui, par l'accomplissement des faits.

Passage important du premier discours de M. Laplagne-Barris, en développant son amendement.

« ..... L'obligation de travail que vous lui imposerez (à l'affranchi) sera une pure illusion, à moins que vous ne donniez, par vos instructions ou par Ordonnances, aux gouverneurs des colonies, le soin de s'occuper, avec une attention particulière, de tous ces individus sortis des habitations des colonies, de les faire suivre, et d'user à leur égard du pouvoir que vous avez quelquefois. »

Le Conseil colonial de la Guadeloupe, en cela d'accord avec les autres Conseils coloniaux, s'est plaint formellement, dans les termes qui suivent, de l'inexécution d'un précepte capital de la loi de 1845 :

« Toutes les mesures prescrites par la loi étaient connexes dans la pensée de ses auteurs, et devaient s'exécuter simultanément.

« Ainsi, en consacrant la faculté du rachat, elle avait imposé à l'affranchi un engagement de travail pendant cinq ans, et pour assurer l'exécution de cette disposition, elle avait ouvert immédiatement au Ministre un crédit de 300,000 francs, destiné à la formation d'ateliers de discipline.

« Mais ces sages prescriptions ont été méconnues. Aussi les engagements ne sont pas contractés, et au lieu d'arriver à la création du travail libre et à la répression du vagabondage (ce qui était le but qu'on voulait atteindre), on n'a fait qu'agrandir cette dernière plaie.

« Dira-t-on qu'il n'était pas possible que l'intervalle d'une session suffît à accomplir toutes ces mesures?... Mais alors pourquoi tout abattre avec précipitation quand on n'était pas prêt à tout réparer ? C'est cette dangereuse précipitation qui a amené l'affranchissement de 126 noirs du domaine sans même que les Conseils coloniaux ou le Conseil des délégués aient été consultés, et sans que la question de propriété, réservée par les Chambres, ait été préalablement résolue. »

Les Conseils coloniaux de la Martinique et de la Guyane ont également fait entendre leurs plaintes sur de si graves sujets.

L'éloignement de Bourbon, où la loi nouvelle commence à peine à faire sentir ses effets, ne nous permet de rien citer qui concerne cette île.

Par un préjugé déplorable, trop de personnes en France, prévenues contre les colons, sont disposées à douter de leurs assertions, dès que ces assertions manifestent une souffrance, un grief dont ils se plaignent.

Ici nous pouvons invoquer l'irrécusable autorité du gouverneur, dans la plus peuplée de nos colonies.

Dans sa réponse aux plaintes si graves et si motivées du Conseil colonial, il cherche ingénieusement des motifs pour expliquer l'absence de sanction qui jusqu'à ce jour accompagne la loi de 1845, dans les mesures qui devraient être la garantie des propriétaire, et surtout des propriétaires ruraux;

puis il fait voir que la loi n'est encore inexécutée qu'à moitié. Voici ses propres expressions :

« Jusqu'à présent (28 octobre 1846, quinze mois après le vote de la loi de 1845), jusqu'à présent il est à remarquer qu'en l'absence de moyens de coercition, *la moitié* des nouveaux libres a contracté des engagements, et que beaucoup d'autres en auraient *contracté aussi, s'ils avaient pu s'arranger avec leurs anciens maîtres, ou trouver au dehors des engagistes*. Si la nouvelle législation n'a pas, sous ce rapport des engagements, atteint le but qu'on s'était proposé, les inconvénients qui en résultent, sont *à peu près insensibles*, et ne peuvent tarder à disparaître en présence de la résolution d'exécuter la loi du 18 juillet dans toutes ses parties. »

Comment M. le gouverneur peut-il déclarer, sans manifester la plus légère émotion, que la moitié des affranchis ne travaille pas, faute d'engagistes nouveaux, et parce qu'elle ne peut pas s'engager avec ses anciens maîtres ? Est-ce que les conditions dictées par ceux-ci pourraient être arbitraires et tyranniques ? est-ce que l'appel à la commission arbitrale n'est pas prescrit par la loi en faveur de l'affranchi ? est-ce que les colons refusent de payer les prix fixés arbitralement par la commission officiellement établie ? Certainement non. Néanmoins, on se félicite qu'il y ait seulement *la moitié* des affranchis qui se soient avant tout libérés du travail obligatoire, en affirmant, d'un côté, qu'ils ne peuvent pas s'arranger avec leur ancien maître, et de l'autre, qu'ils ne trouvent pas d'engagistes....

Quoi ! dans les colonies françaises où le recrutement extérieur des travailleurs de race noire est impossible, où le nombre des travailleurs diminue chaque année sur les plantations, on pourrait penser que si la moitié des affranchis ne travaille pas, c'est dans l'impossibilité de trouver du travail agricole ! Cette hypothèse est inadmissible.

Les affranchis s'arrangeront aisément, équitablement avec leurs anciens maîtres, et, si on l'aime mieux, avec de nouveaux, aussitôt qu'il cessera de leur être permis, au mépris de la loi, *de ne contracter aucun engagement.*

Nous avons démontré par les paroles de M. Laplagne-Barris, de M. le comte Beugnot, de M. Guizot et de M. le Ministre de la marine, que l'intention formelle du législateur et du pouvoir exécutif avait été *la continuité du travail et non pas la cessation par suite d'affranchissement.*

Nous pensons qu'on *viole* le sens évident de la loi, lorsqu'on dit à l'affranchi qu'il peut quitter l'atelier de son ancien maître à l'instant de son affranchissement, *avant* d'avoir contracté d'engagement ailleurs, et d'avoir fait approuver cet engagement par la Commission arbitrale.

Nous demandons qu'une décision formelle, émanée du Ministre de la marine et des colonies, *restitue à la loi son exécution efficace nécessaire ;* afin que, dans aucun cas, l'affranchi ne quitte l'atelier de son ancien maître si ce n'est pour passer dans un autre atelier, en vertu d'un engagement de cinq années, préalablement contracté et solennellement approuvé par la Commission arbitrale qu'institue la loi du 18 juillet 1845.

Nous rappelons les paroles collectives des Ministres de la marine et des affaires étrangères; celui-ci disant : « Imposez à l'affranchi, s'il veut « quitter son maître, D'ABORD de contracter un « engagement avec un autre propriétaire rural, « PUIS de faire approuver, sanctionner cet engage- « ment.... Et M. le Ministre de la marine et des « colonies qui déclarait aussitôt : *C'est ce que nous* « *voulons.* »

Nous demandons à ces deux Ministres de vouloir aujourd'hui ce qu'ils voulaient, ce que les Chambres, décidées par eux, ont voulu, lors de la discussion et du vote de la loi.

Nous le demandons dans l'intérêt de la prospérité rurale des colonies, prospérité plus que jamais compromise par la concurrence redoutable du sucre indigène.

Nous le demandons également dans l'intérêt de la classe des affranchis, qu'il faut habituer aux idées simultanées du travail et de la liberté.

Nous invoquons aussi les mesures qui doivent commencer l'exécution de la loi de 1845, *pour réprimer le vagabondage, et mettre un terme à l'oisiveté déplorable de cent mille affranchis,* qui, livrés à la paresse, sont entraînés dans tous les vices qu'elle mène à sa suite, et sont perdus pour la richesse productive.

Nous demandons avec instance au gouverne-

ment, des mesures intelligentes, étendues, efficaces, pour ramener au travail, qui civilise et qui
féconde, cette population déjà libérée.

Si l'administration veut entrer avec activité,
fermeté, dans cette voie, elle pourra prévenir la
perte, autrement imminente, de nos quatre colonies.

Délibéré et voté à l'unanimité par le Conseil
des délégués des colonies :

MM.

Martinique . . .	Baron CH. DUPIN. JOLIVET.
Guadeloupe . . .	DE JABRUN. DE REISET.
Bourbon	DÉJEAN DE LA BATIE. SULLY-BRUNET.
Guyane	FAVARD.

Pour les membres du Conseil,

*Le Pair de France, grand officier de la
Légion d'honneur, Président du Conseil
des délégués des colonies.*

Baron CHARLES DUPIN.

Paris, 26 février 1847.

Paris. — Typographie de Firmin Didot frères, rue Jacob, 56.